俏翘臀
视觉与触觉的
盛宴
舍宾
俏臀
THE PRETTY AND RAISING
HIP IS A GLORIOUS
COMBINATION
OF THE
VISION
AND THE HAPTIC.
U0921223

# 目录 CONTENT

SHAPE UP HIP

# SHAPING

# 选择舍宾的不完全理由

## TO SELECT SHAPING TO FLATTER YOUR FIGURE

如今美女的标准是什么?看下去很美!一句话，流行美臀。不信，你放眼望去，满大街都是紧绷绷的低腰裤和可爱又性感的超短裙。惹火的俏臀可以使女性身材更显凹凸有致，为女性的性感魅力大大加分。

那么什么样的臀部堪称最完美?挺翘、圆润和结实是美臀的三大条件，加上弹性的触感与柔嫩的肤质，结合了视觉和触感的美臀，怎能不让人感受到阵阵性感浓香，不让人浮想联翩，令众生为之倾倒呢?

如果你想当个风头最劲的两性磁铁，将男人倾慕的眼光紧紧吸附在身上，那么臀部绝对值得你细心呵护。只是东方女性的臀部大部分不够完美，有人为臀部大而烦恼，有人为臀部扁而伤脑筋。

舍宾（Shaping）是一种全新的运动概念，意为形体雕塑、人体艺术，简称“形体运动”。基于对现代人体健康及人体美所做的深刻分析，舍宾认为现代人正在追求5个层次的人体美，即：静态形体美、动态美、气质美和整体美。根据这种概念，上世纪90年代，俄罗斯运动专家经潜心研究得到大量科学数据，制成了一套先进的电脑系统，它包括人体形体测评系统、形体训练系统、运动处方系统、营养参谋系统及形体与服装发型匹配参谋系统等，被誉为人体美化系统。

**舍宾，这个21世纪全新的、最有效的人体健康美丽系统工程，将完美你的身材，精确你的美丽。**

在这个软件的辅助之下，舍宾开始了“运动＋营养＋医学＋美学”的全新训练方式。进入舍宾系统后，你将通过医学测试、营养测试、功能测试、形体测试和运动测试五大测试，然后把测试数据输入计算机，舍宾电脑测评系统将根据不同的骨骼类型针对个人不同的遗传条件，找出标准体形模型，比较你现在的体形与标准体形的差距，最终给出一个专属于你个人的形体训练计划。

舍宾除了向人们提供特殊的运动训练处方，更率先进行形体语言训练。强调步态、姿势、表情及形体动态的节奏感和优美感。另外，舍宾还设有整体形象设计，包括服装、发型、美容化妆等细节设计与养护培训。国内外许多选美小姐、影视明星、模特、节目主持人都通过舍宾来雕塑体形、提升气质。

基于舍宾概念，来自俄罗斯的运动专家、健康营养专家、医学专家、美学专家们设计了一套舍宾美臀健康系统，结合我多年的舍宾教学经验，详细列出让你百分百 “美臀”的计划：功能全面的健臀系列运动，由时下最流行的徒手操、毛巾操、哑铃操、纤体瑜伽组成，你可根据自己的兴趣、爱好和体质特征来自由选择、灵活搭配；美臀餐谱；通过最佳着装SHOW出你的俏臀；令你“臀”部生色的优雅姿势；快速有效按摩提臀、手术打造理想俏臀……想拥有性感的美臀、黄金比值的腰臀曲线，就快快参加我们的舍宾美臀训练吧！

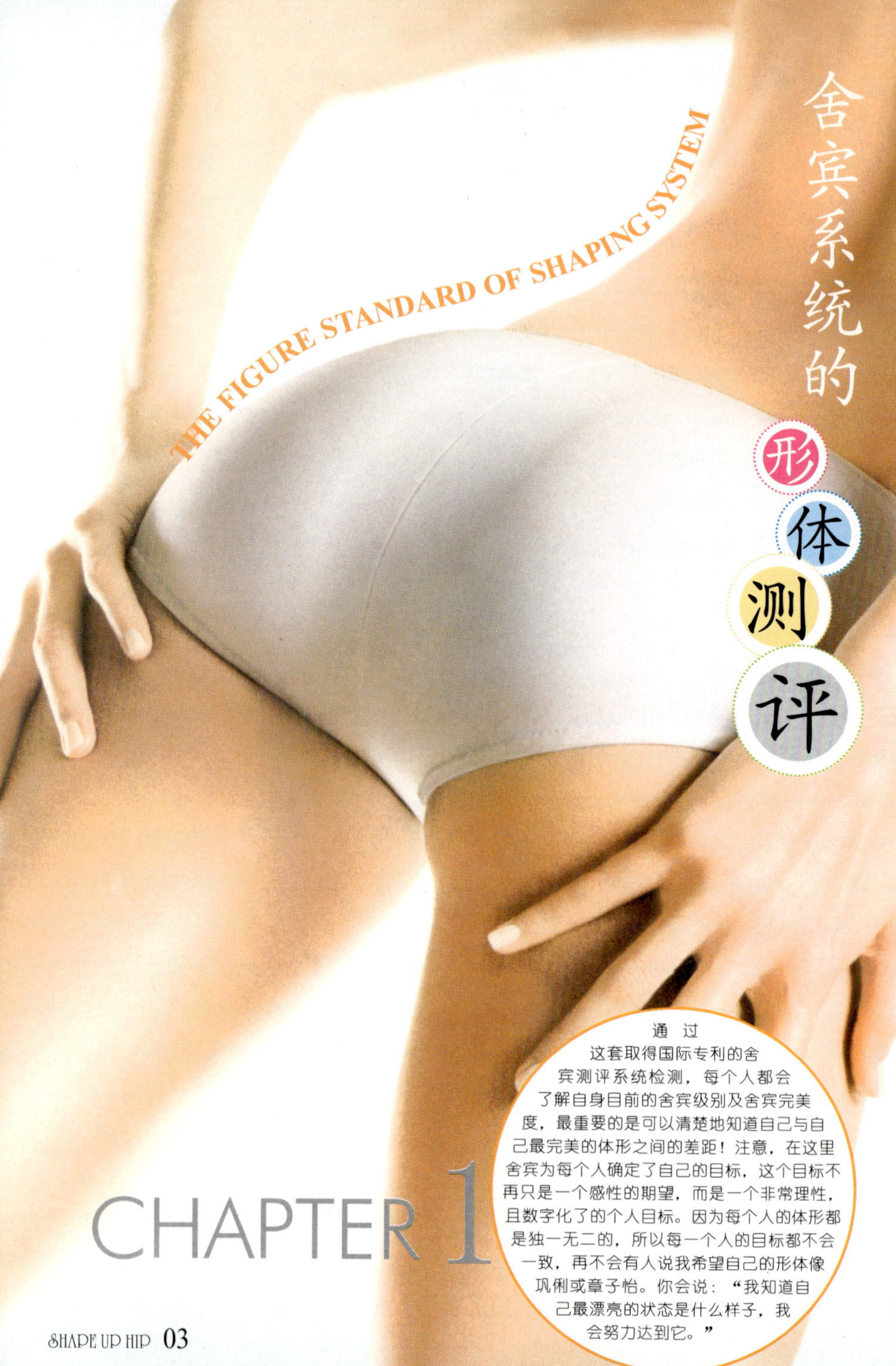


# 舍宾系统的形体测评

# CHAPTER 1

通过这套取得国际专利的舍宾测评系统检测，每个人都会了解自身目前的舍宾级别及舍宾完美度，最重要的是可以清楚地知道自己与自己最完美的体形之间的差距！注意，在这里舍宾为每个人确定了自己的目标，这个目标不再只是一个感性的期望，而是一个非常理性，且数字化了的个人目标。因为每个人的体形都是独一无二的，所以每一个人的目标都不会一致，再不会有人说我希望自己的形体像巩俐或章子怡。你会说："我知道自己最漂亮的状态是什么样子，我会努力达到它。"

## 一 性感的颠峰——理想的臀围比例

## THE PERFECT SIZE OF THE HIP

对于女性来说，无论属于哪个人种或种族，臀部是仅次于乳房的非常重要的性区域。它在构成女性性感迷人身段中起到独特的作用，试想一个胸脯丰满挺拔，腰段细小、柔滑的女性配上一个瘪陷下垂的臀部，是如何让人觉得遗憾。

什么样的臀部最迷人?

理想的臀围比例：身高除以2，再加10厘米；

臀部必须结实，不能够晃动得太厉害，即要求又翘又结实的美臀；

整个臀部的大小要均衡，必须与身体比例配合；

美学的臀部形态，从后面观，它和腰及大腿部位有一个自然圆滑的向外侧凸出的弧度曲线，不能有陡然向外凸出的小山包 。将腰下段和臀部最低处，既臀部上缘和臀部最低处(臀沟)画两条平行线，连接起来似一个梯形(梯形的下角约65-80度)。臀峰位于臀部的中央，臀峰是一个圆滑，而不同于乳房有乳头样的尖性突起，每侧臀峰水平径占每侧臀部横径的1/3，臀部呈半球形向后凸出。臀沟(臀部和大腿交界处)应该清晰，不能有皮肤脂肪下坠，遮盖臀沟或臀部和大腿形成由于脂肪堆积而连成的一片“平原”。

## 二 美臀三大条件

## THE THREE FACTORS FOR SHAPING UP HIP

从史前时代至今天，人类似乎总是疯狂地到运动场和手术台上雕琢自己的身体，从未放弃过对完美的追求。时代不同，美的内涵也各异，人们对时尚的追求也不尽相同。

针对越来越多女性开始重视臀部的美丽问题，为了迎合这股流行风，各时装品牌服饰纷纷推出低腰产品满足消费者，内衣业者则推出臀垫及相关搭配产品。根据报道指出，今年的美臀热，已经让“无痕”内裤与丁字裤销售量超过了过去5年来的销售总额。

那么什么样的臀部堪称最完美？挺翘、圆润和结实是美臀的三大条件，加上弹性的触感与柔嫩的肤质，结合了视觉和触感的美臀，其能燃起的性感之火，绝对超乎你的想象！无怪乎，许多文人和艺术家都不可自制地受到“臀”的致命吸引。亨利米勒在《北回归线》中提到：“我看到她每晚坐在那儿，圆滚滚的小屁股陷在柔软的沙发里，简直要令我疯狂……”；19世纪最善于描绘后街女性的画家罗特里克，笔下美臀一律是粉白浓腻，丰腴圆满的臀部与软玉温香的大腿相连，好像要滴出蜜汁般的诱人犯罪……还有，《七年之痒》中的梦露，那个让全世界影迷终生难忘的白天鹅造型的伟大之处，这一镜头将梦露性感丰满的美臀和身材展露无遗，写下了潮流史上永恒的性感美臀物语。当20世纪60年代末美国性解放之后，梦露的美臀更成了全美男士心目中的不可亵渎的图腾。

这就是你得对臀部刮目相看的原因，它可以使女性身材更显凹凸有致，为女性的性感魅力大大加分。

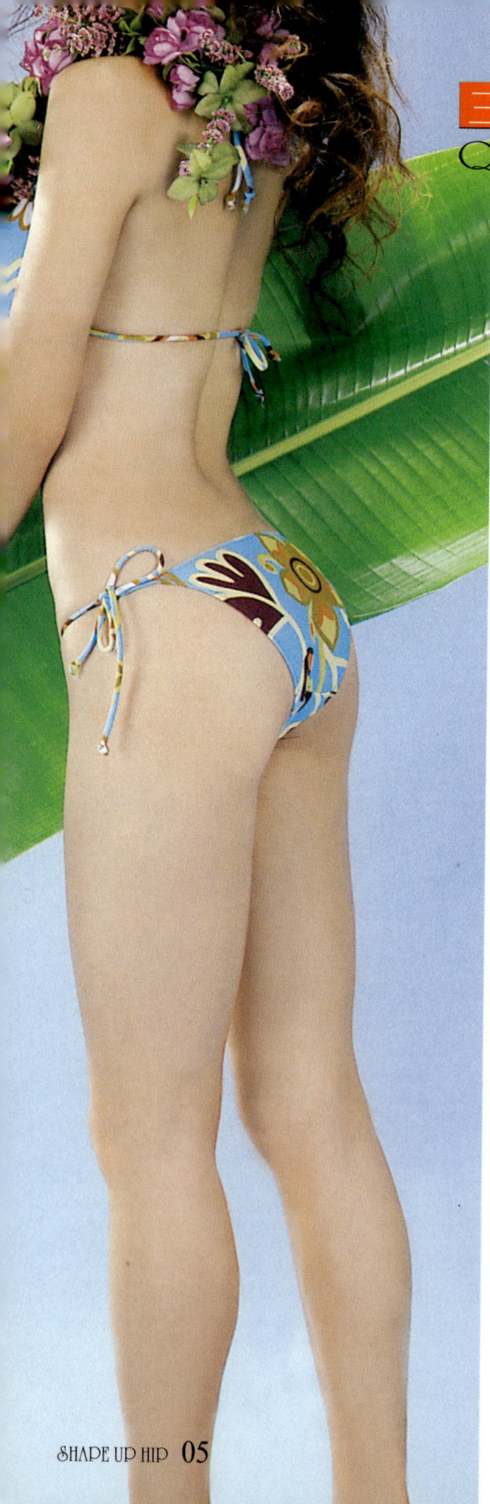

# 三 感觉得到的臀部问题

QUESTIONS OF THE HIP

**臀部是连接上半身和下半身的重要桥梁，位于身材三围之中的最底层，是女性性感的象征也是身体的重心所在。目前女性最困扰的臀部问题是：**

## 1 水肿

有可能是女性荷尔蒙分泌过多，或是肾脏有毛病所导致。压下去没弹性的状况，可能是肾脏方面的问题；而压下去弹性还算不错的状况，可能是荷尔蒙方面造成的水肿。不管原因为何，找到它了，就要解决它。

## 2 肥胖

饮食不当，运动不够都可能让你成为胖胖一族。就东方人的肥胖趋势而言，男性多发展成腰部开始到臀部肥胖的“中广型”肥胖；而女性则发展成臀部开始往大腿往小腿肥胖的“西洋梨”型肥胖。

## 3 蜂窝组织（浮肉现象）

捏起肉来皱巴巴，一块一块的可怕蜂窝组织现象，主要原因是因为真皮组织网松弛，弹性不良，淋巴排水系统功能降低，以致多余的脂肪、水份透过组织网浮出皮面来所造成的，多集中在大块如臀部、臀下褶痕的部位。

## 4 肥胖纹（妊娠纹）

肌肤表皮一条一条银白色的条纹状组织，常见于生产过后的妈妈们，以及胖嘟嘟的先生女士们身上。此乃因为肌肤表皮承受不了急速的体积膨胀，而造成胶原纤维断裂所产生的现象。

## 5 臀部长出粉刺、红疹，皮肤粗糙

坐时多，立时少，大部分人臀部肥大且肤质不佳。其实，最有效的方法应是少坐+不停地运动，但这一方法似乎不太实际，所以不妨试用另一个补救方法。洗澡时用一把细盐以画圈的方式磨擦臀部皮肤，同时适当用力按摩。或者把盐放入一个空瓶中，然后放入3茶匙杏仁油及约30滴香精油，拧紧瓶盖并用力摇匀，待盐慢慢将油吸收，便成为一瓶用来磨擦、按摩臀部皮肤的美容盐，这两种方法都既省钱，又方便，而且效果也不错。

## 6 臀部疼痛

坐在椅子上不用1个小时臀部就会疼痛。站起来活动之后还是不会改善,但脊椎部不会痛，也没有痔疮的问题，这种情形有可能是什么原因造成?

臀部疼痛要鉴别是否为坐骨神经痛，可以尝试按压臀部的肌肉以及相关的穴位，例如环跳穴，如果有剧烈的疼痛感，而且有牵扯痛，应该就是坐骨神经的问题，此症轻微的时候可以用药物，以及复健治疗控制；严重的话，需要合并多种药物控制，建议先到家医或复健科看看，确定诊断比较好喔。

# CHAPTER 2

# 舍宾俏翘臀健身房

THE GYM FOR SHAPING UP THE HIP

现在为大家推荐的这套运动组合，是我们根据舍宾理论，经过精心的编排，专门针对臀部的形体训练方案，由有氧徒手操、毛巾操、哑铃操和瑜伽四部分组成，每种运动都具有其独有的运动原理、动作特征和塑身功效。它们的共同特点：训练的级数、次数与锻炼密度都极为科学；训练起来十分方便，没有任何条件限制；动作简单、易学，并具有娱乐性，不会让你感觉枯燥。这四套运动方法，你完全可根据个人的兴趣爱好和生理特征进行自由选择、灵活搭配，是雕塑臀形的完美组合。在美臀的同时，还能使你的动作协调、姿态优美，使你通过外形、内在气质的提高，来提升你的臀部美感。

想拥有结实挺翘的美臀，就快快参加我们的舍宾美臀训练吧！

FREE-STAND EXERCISES

# 活力俏臀有氧
# 徒手操

只有真正的有氧运动方式才能够减肥瘦身。作为简单、易学的肢体运动有氧徒手操，自然成为最好的选择！有氧徒手操，是可以燃烧脂肪的“有氧运动”。顾名思义，就是在有氧代谢状态下，通过体操运动消耗机体多余的脂肪，达到减肥瘦身的目的。

有氧徒手操可在节拍伴奏下练习，也可以间隔练习，不受场地与器械的限制，不分年龄与性别，不限时间，每个人都可以随时随地练习。徒手操通过各种舒展、拉伸、弯曲动作，可以减肥塑形、培养正确的身体姿势，矫正不良的身体形态，同时还可以锻炼身体，舒筋活络。它不只对身体有好处，还可以调节精神，预防疾病，舒缓压力。

以下这套美臀徒手操，通过有氧运动可燃烧脂肪的原理，充分锻炼臀部、腹部、大腿根部肌肉，可达到紧缩臀部肌肉、塑造圆润挺翘、弹性十足的俏丽美臀的目的！可以每隔一天做一次，也可以每天都做，练习四周后，你会发现哪个动作对你最有帮助，便将它收入你的独门秘笈，持之以恒地练习。

# 翘臀运动 HOLD UP THE HIP

舍宾系列

美臀

徒手操

1

双脚分开，收腹挺胸站好，两手放于盆骨部位吸气，再慢慢吐气，收紧臀部。

2

收紧臀部，右手握拳向左边用力，臀部向左边摆动。

3

同样的方法换手做另一边。

两腿张开站好，手放于大腿部。

上身挺直，两腿弯曲，尽量抬高臀部。

STEP 4

STEP 5

# 翘臀运动 HOLD UP THE HIP

STEP 6

STEP 7

**6**

左右摆动臀部。

**7**

重复左右8次。

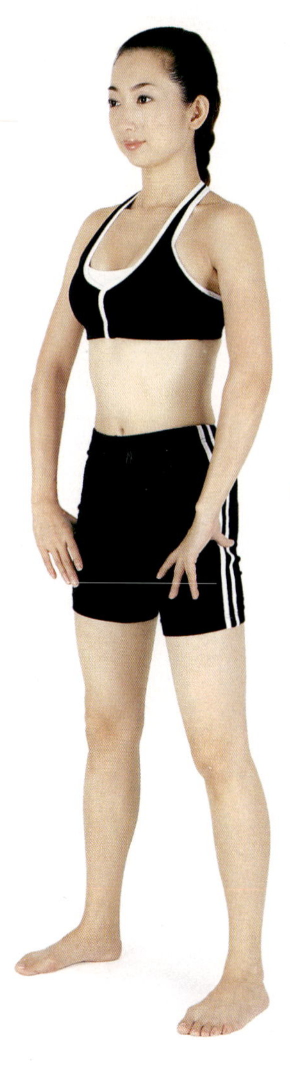

8 双腿分开，挺胸收腹站好，并用力收紧臀部。

9 左手向下，上身注意不要向前，臀部向左摆动。

# 翘臀运动 HOLD UP THE HIP

舍宾系列

臀

徒手操

STEP 10

10 换手同样方法做另一边。

11 身体还原。

**作用** 提高臀位，紧实臀部肌肉。

# 美化臀形运动

# BEAUTIFY THE SHAPE OF THE HIP

1 身体站立，双脚打开略比肩宽，左腿弯曲，右手向左方伸展，将臀部向右边抬高。

2 换方向，做同样的动作5~10次。

# 美化臀形运动 BEAUTIFY THE SHAPE OF THE HIP

舍宾系列

徒手操

STEP 3

STEP 4

**3**

身体回正，吐气，右手放在大腿上，左手上下来回举，同时将臀部的肌肉往上提拉，练习6次。

**4**

换方向做同样动作6次。

**5**

身体还原。

**作用** 防止臀部松弛，恢复弹性，使臀形浑圆。

通过有氧运动
可燃烧脂肪的原理
充分锻炼臀部
腹部
大腿根部肌肉
可达到紧缩臀部肌肉
塑造圆润挺翘
弹性十足的俏丽美臀的目的

# 臀部防垂运动 PREVENT DROOPING DOWN THE HIP

**1**

站立，双手紧按臀部，右脚向后伸展，练习6次。

**2**

重复动作，换另一条腿向后抬高，练习6次。

3 双腿打开宽于肩部，上身挺直，双手放于身体两侧，慢慢下蹲6次。

4 收回，两手放身后，扩展胸部，保持身体平衡，上下起落6次。

**作用** 提升臀部曲线，具有塑身提臀效果。

# 臀肌紧实运动 TIGHTEN THE HIP

舍宾系列

徒手操

STEP 1

STEP 2 3

**1**

两腿交叉坐好，上身保持平衡，挺胸，双手放在腿板上。

**2**

臀部收紧，双手向右轻松转，左手握住左腿板，右手放于身后。

**3**

收紧臀部，身体向反方向转动。

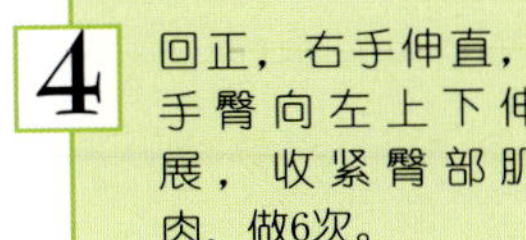

**4** 回正，右手伸直，手臂向左上下伸展，收紧臀部肌肉，做6次。

**5** 相同动作，向右边做6次，身体放松还原。

**作用**

紧实臀部肌肉，美化臀形。

# 提臀塑腰运动 LIFT THE HIP AND SLIM THE WAIST

舍宾系列

徒手操

STEP 1

STEP 2 3

**1**

双脚靠拢站好，双手合十摆在胸前，将全身的气集中在臀部。

**2**

一边弯曲双膝，一边把腰部挪往右边，同时用右手掌用力推动左手掌。上半身往左边倾斜，脸部稍微偏向右边。

**3**

反方向练习。腰部往右挪动，上半身往左倾斜，脸微偏向左边。

**4** 身体不动，左膝朝向右边抬高，同时将合十的双手和上半身往左挪动。

**5** 反方向练习，这次将右膝朝左边抬高。把上半身往右挪动。练习4次。

STEP 4

STEP 5

**作用**

防止臀部下垂，具有紧缩腰围、美化腰部曲线的效果。

# 臀部锻炼运动（一）WORKOUT HIP (1)

舍宾系列

徒手操

**1**

身体跪于地板上，双手微微打开按住地板，弯曲双腿成直角。

**2**

将双手臂慢慢弯曲，身体前倾，臀部上翘。

**3**

双手直起，双腿在地板放平，将右膝跪在地板上，左腿向胸部靠近。

4 双手支撑身体；臀部向前倾，头与背部呈一条直线，双膝弯曲，抬高小腿上下5次。

5 身体回正，右腿尽量抬高，来回5次。

6 换另一边练习。

作用 锻炼臀部肌肉，美化腿部曲线

# 臀部锻炼运动（二）WORKOUT HIP (2)

1

身体仰躺，双膝弯曲，两手放在头后。

2

抬起一只腿弯曲向胸部靠，注意要有节奏感，来回6次。

3

相同动作做另一边。

STEP 4

两手抱住头后，两腿弯曲，慢慢抬起臀部，控制一会。

双手抱头用力将上半身向膝盖部靠，注意吸气，来回5次。

6 将上身慢慢坐起，来回5次。

STEP 5

**作用** 紧实臀部肌肉，减去多余赘肉。

STEP 6

# 臀部消脂运动 REMOVE THE FAT

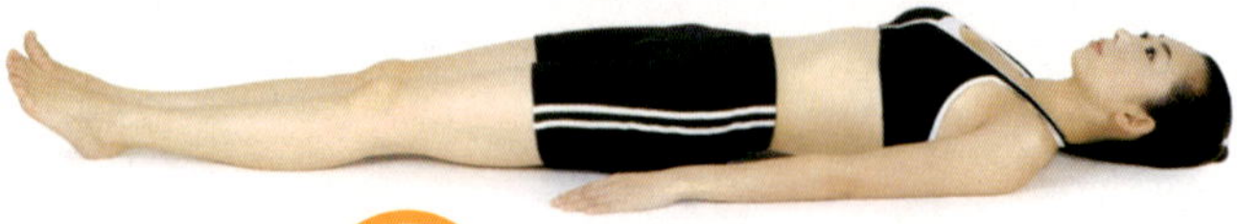

STEP 1

STEP 2

STEP 3

**1**

平躺于地板上。

**2**

抬起头部，左手抓着左脚尖。把抓着左脚尖的任务交给右手，左手抓着左膝盖揉搓一圈，拉伸腿部及牵引臀部肌肉。

**3**

再将左膝盖反方向揉搓一圈，再换成右腿做同样动作，练习5次。

**作用** 防止臀部下垂，消除凸臀多余脂肪。

# 臀部扭转运动
TURN THE HIP

STEP 1

STEP 2

1 身体仰躺，双手支撑上半身，两脚平放，双腿弯曲，让身体呈悬空状。

2 将臀部左右摆动，将骨盆位置抬高，练习10次。

3 相同动作做另一边。

作用 改善臀形，防止臀部肌肉松弛。

STEP 4

# 外扩减臀运动 STRETCH

STEP 1

STEP 2

STEP 3

**1**

左臂侧躺，抬起右脚曲膝，缓慢移至胸前。

**2**

把右手手掌平放到臀部，然后一边吐气，一边把腿伸直。保持一会。

**3**

重复上述动作大约6次，然后用右手轻拍臀部赘肉。左右两边要轮流交换运动。

**作用** 消除臀部多余脂肪，美化臀形。

# 提臀运动

LIFT THE HIP

SHAPE UP HIP

1 脸朝上躺下，双手放在脑后互握，将右腿弯曲。利用臀部施力，将身体稍微往上提，左腿提高至膝盖左右的高度。

2 如果能将伸直的脚举起来更好，代表你的臀部尚有基本的力量。

作用 收紧臀部肌肉，具有提臀的效果。

# EXERCISES

# 家居美臀魔法毛巾操

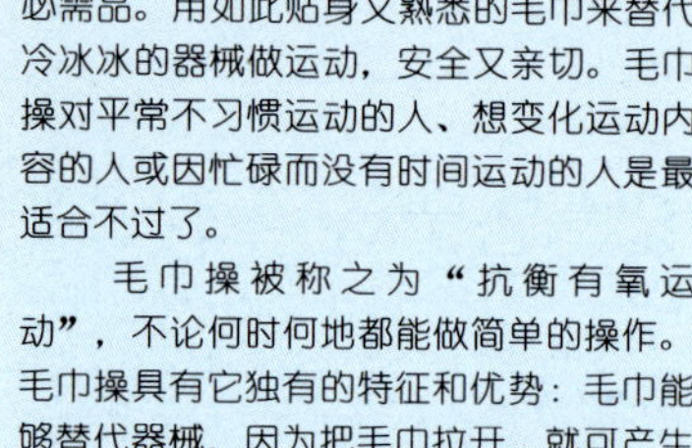

毛巾是我们日常生活中不可缺少的必需品。用如此贴身又熟悉的毛巾来替代冷冰冰的器械做运动，安全又亲切。毛巾操对平常不习惯运动的人、想变化运动内容的人或因忙碌而没有时间运动的人是最适合不过了。

毛巾操被称之为“抗衡有氧运动”，不论何时何地都能做简单的操作。毛巾操具有它独有的特征和优势：毛巾能够替代器械，因为把毛巾拉开，就可产生互相抗衡的力量，给肌肉充足的负荷力量，并且有紧缩的效果；毛巾操特别容易操作，使用毛巾可以使身体稳定，运动姿势正确的话，对身体非常地安全，你完全不用担心会产生运动伤害；毛巾可成为一种助力，比如做伸展运动时，身体较为僵硬的人可使用较长的毛巾，不需要勉强就可以将身体充分伸。如果把毛巾结成球状，或将毛巾扭转起来使用，可扩大运动的幅度，乐趣也会倍增；温柔体贴的毛巾，在运动过程中还可以对你的身体做贴身按摩。你可利用毛巾的伸张力做按摩的动作，也可以借毛巾与身体的亲密接触做轻柔按摩，就算一个人也可轻松地操作，效果十分显著哦。现在，就开始吧！只要拿起你家里的大毛巾、小毛巾，就能享受健康又美丽的快乐生活！

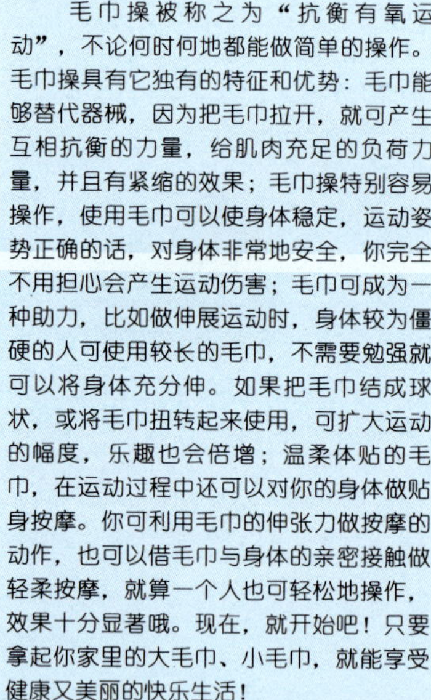

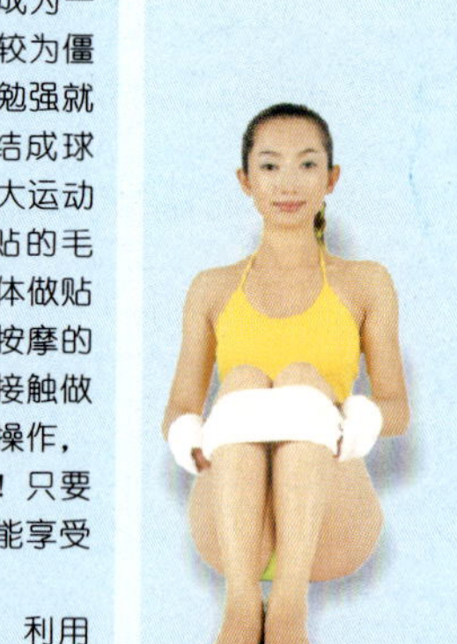

以下这套毛巾美臀运动组合，利用毛巾拉开产生的抗衡力，给予臀部肌肉足够的负荷力量，紧缩臀肌，抵抗地心吸引力；将毛巾结成球状，可加大运动量，燃烧脂肪，减去大腿根部赘肉，抬高臀线；而利用毛巾的伸张力做的按摩动作，可促进下半身淋巴循环，赶走橘皮组织，减轻因水分和废物囤积而引起的浮肿。下定决心，持之以恒，简单而轻松的毛巾操，很快便让你拥有弹性十足的俏丽美臀！

# 抬臀运动

毛巾的长度：将毛巾两端缠绕在手背上，宽度约两个膝盖的宽度。

STEP 2

曲影提醒：两膝盖尽量向下巴靠近。

躺在地板上，两膝盖弯曲靠近胸部。将毛巾放在膝盖下方，并用两手在膝盖外侧固定毛巾。

其次，将毛巾稍微向下拉，两脚并向上摇动。

3

3.4.5.利用向上摇动的反动力量，扶起上半身。

STEP 3

STEP 4

STEP 5

曲影建议

下巴靠近胸部，背部拱成圆形状，毛巾始终都放在前面做伸张动作，2.3.的动作是依钟摆的要领轻轻重复，不需勉强身体坐起。

作用

紧实臀部肌肉，在背部、腰部加入适度力量，可解除疲劳感。

# 臀部紧实运动

毛巾的长度：在前部下方（背部下侧腰部以上），毛巾向两旁张开的长度及宽度恰巧是毛巾的长度。长度较长的运动毛巾比较适合。

STEP 1

STEP 2



**1**

俯趴在地板上打开两腿，毛巾放置在背部下方，毛巾两端向前放在地板上。

**2**

两手按住毛巾的两端，慢慢地吐气并挺起上半身。绝对不要勉强自己做此动作。身体较僵硬的人（无法伸直手肘者），按右上方的动作做并保持10秒左右。身体柔软的人（可伸直手肘者），如右下方的动作做并保持10秒。

身体柔软

身体较僵硬

**作用**

紧实臀部肌肉，美化臀形，在背部中间及腰部加入适当的力量，可以灵活脊椎。

# 臀部防垂运动

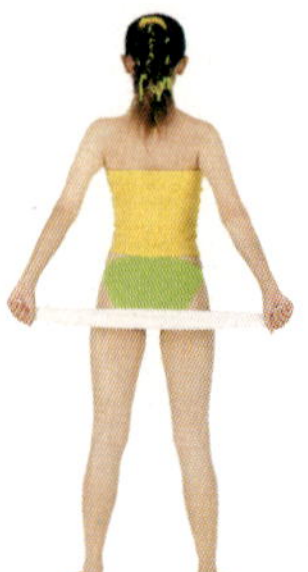

毛巾的长度：感觉运动毛巾两端的长度。

曲影提醒：伸直手腕、膝盖，毛巾向左右拉开，不能松懈。

俯卧在地板上，两脚轻轻地打开，用手在后方握住毛巾。

一边将毛巾往上拉，上半身和单脚同时向上举。

③ 另一只脚也同样做做看。练习8~10次。

STEP 3

SHAPE UP HIP

## 曲影建议

腰部脆弱者，将毛巾放在腰部，固定腰部较容易操作。

**作用**

紧缩背部整体和臀部肌肉，对提高臀部肌肉及防止臀部下垂很有效。

# 臀部圆翘运动

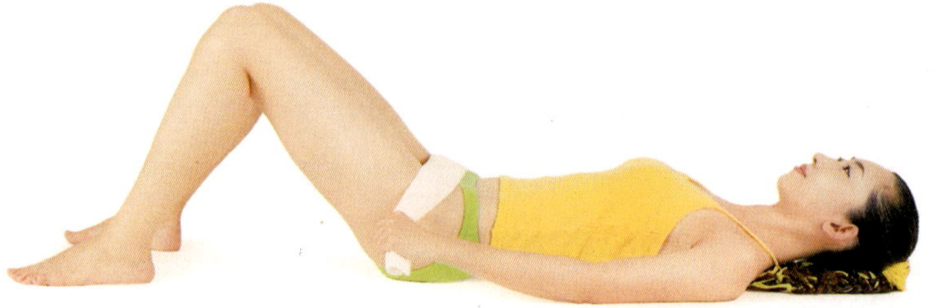

STEP 1

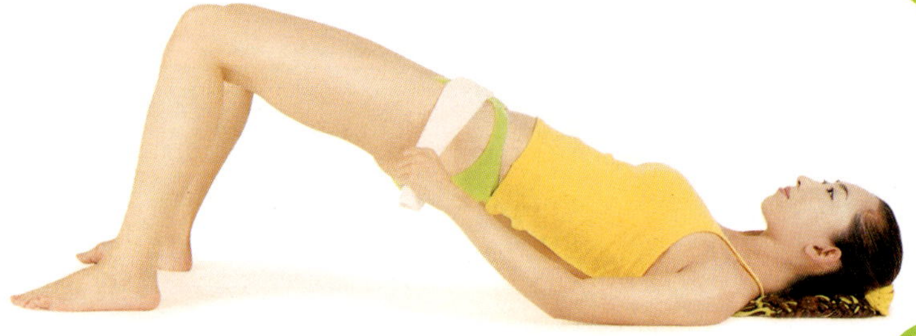

STEP 2

1

仰卧，屈膝双腿打开与肩宽，将毛巾平放在下腹部，双手握住毛巾两端固定住。

2

向上抬起臀部，臀肌夹紧，让身体呈一条直线，肚子不要凸起来。练习8次，最后以全力紧压。

## 曲影建议

1. 不要憋住呼吸。
2. 用劲时，要尽全力使身体保持紧绷状态。

**作用** 调整臀部形状，使臀部上抬。

# 臀部锻炼运动 WORKOUT HIP HEHE

STEP 1

STEP 2

STEP 3

1 平躺仰卧并弯曲膝盖，在双腿膝盖中间夹住毛巾球。将双脚的脚掌平贴于地板，脚掌与臀部的距离约是30厘米左右，腰部不能悬空，一定要紧贴在地板上，调整呼吸，双手自然平放于身体两侧。

2 臀部肌肉用力向内缩，并将臀部缓缓抬离地面，但不可以让双膝间的毛巾球掉了。

3 保持上升的姿势，将两膝夹紧再放开，最后再将臀部夹紧的肌肉放松。

4 放松后将臀部慢慢放下回到地面，全程中毛巾球都不能掉落。重复10次。

**作用** 美化臀部曲线，伸展身体前侧。

# 美臀塑腿运动

**毛巾长度：将毛巾放在腰部，量1/2腰围的长度。**

曲影提醒：将毛巾下压使之固定。

两脚前后站开，毛巾绕在腰部，斜斜地往下压，固定在髋骨的位置上。

2 前脚膝盖成直角弯曲，后脚则向后方站成斜线状。
曲影提醒：伸直脊背，稳定上半身。

3 前侧膝盖成直角弯曲。练习8-10次。

STEP 2

STEP 3

## 曲影建议

将重心放在前脚脚跟，比紧缩臀部肌肉更有效果。一开始做时，膝盖弯曲度浅浅即可，再渐渐地接近直角。

**作用** 紧缩大腿前侧及臀部肌肉，防止臀部下垂。

# 完美臀形运动

将毛巾打结成球状

STEP 1

STEP 2

两脚站开约肩膀宽。脚尖略向外侧张开，单手将毛巾球举高。将毛巾打结成球状。

大腿大致和地板平行，膝盖一面弯曲，手腕向后方做大幅度旋转动作，在大腿下方把毛巾球交到另一只手上。

3 膝盖伸直并举高毛巾球。

4 手腕向后方做旋转动作。

5 膝盖弯曲，将毛巾交到另一只手上。练习8~10次。

STEP 4

STEP 3

STEP 5

## 曲影建议

脊背伸直，膝盖朝脚掌方向做弯曲动作，依毛巾球穿过的角度，膝盖弯曲角度也一样。

**作用** 紧实臀肌，美化臀形，灵活关节。

# 有运动练习一 窈窕身材

为了减轻体重，紧缩全身肌肉，做燃烧脂肪的有氧运动是不可缺少的，让我们做做缓慢性、且长时间性的踏步、慢跑、跳跃运动吧！一开始做自己够承受的范围（设定在5分钟），能够持续20分钟以上的话效果更好。

在此介绍的有氧运动训练是步骤简单，令人能够心情愉快的舞动身体的方式。配合自己喜欢的音乐，连续做8个动作。更积极的想将脂肪燃烧时，加入踏步的动作，尽可能长时间运动。好，我们开始练习吧！

**1**

在原地踏步，使用膝盖用力地弹地，很有朝气的挥动手腕。

**2 3 4**

踏步动作的变化，将毛巾绕在脖子上，握住毛巾两端，两侧手肘忽上忽下拍打着腋窝部份。并在原地踏步。

# 有氧运动练习二

1 胸前握住毛巾两端，膝盖轻轻地弯曲。

2 重心放在单脚上，并举起一边的手腕。

3
4 回到最初的姿势。另外一侧也同样照做。

STEP 1

STEP 2

STEP 3

STEP 4

# 有氧运动练习三

**1**

在胸部前方握住毛巾的两侧，膝盖轻轻地弯曲。

**2**

重心放在单脚上，一边的手腕斜斜地往前伸直。

**3 4**

回到最初的姿势，另外一边也同样照做。

# 有氧运动练习四

1 在胸部前方将手腕伸直，重心放在单脚上。

2 将另一方的脚拉进，两侧手肘向后方拉。

3 4 回到最初的姿势，另外一侧也同样照做。

# 有氧运动练习五

**1** 在胸前伸直手腕，重心放在右脚上。

**2** 右脚伸到斜后方，两边手腕伸向与脚反方向之处。

**3 4** 回到最初的姿势，另外一侧也同样照做。

# 有氧运动练习六

1 在胸前伸直手腕，重心放在右脚上。

2 右脚伸到斜后方，右边手腕向前伸直。

3 4 回到最初的姿势，另外一侧也同样照做。

# 有氧运动练习七

STEP 2

STEP 1

STEP 3 4

**1**

在胸前将手腕伸直，重心在右脚上。

**2**

右脚往前踢，左侧手腕斜斜地往前伸直（至右脚抬高的脚尖方向）。

**34**

回到最初的姿势，另一侧也同样照做。

# 有氧运动练习八

1 左脚向旁边打开，两边手腕斜斜地往上举。

2 两边手腕斜斜地往下挥动，同方向的膝盖则斜斜地往上举高。

3 4 另一侧也同样照做。

# DUMBBELL EXERCISES

# 强力塑臀哑铃操

你每天都运动吗?想必你会上健身房，或是利用假日打网球、游泳，积极地运动身体。不过，毕竟大多数现代人的运动量仍嫌不足。特别是工作忙碌的白领，或是忙着照顾家人的主妇们，实在抽不出时间运动。那么，有没有既轻松又有效的运动呢?

当然有，哑铃健美操正是完全符合这种需求的运动。一天一次，每次15分钟，如此简单便能弥补平日运动量的不足，对全身各部位都有减脂塑型的效果，特别是手臂、胸部、腰部、臀部，大概2个月，效果就出来了。

哑铃健美操不仅能帮助解决运动量不足的问题，其提高基础代谢、燃料肌肉中的脂肪效果是无与伦比的。人体最能燃烧能量的部位，便是心脏和肌肉。其中，肌肉又是人体内最多的组织，所以只要锻炼肌肉，便可以减少体重和体脂肪，达到最理想的减肥塑身效果。

哑铃健美操是典型的“阻力运动”，具有增加肌肉量的效果，也就是有促进蛋白质合成效果的运动。蛋白质的合成若能顺利进行，骨骼主要成分的胶原形成也会变得比较活络。也就是说，在锻炼肌肉的同时，也能强化骨骼。若想拥有美丽又健康的苗条身材，哑铃健美操还是不二首选。

简便易学的哑铃操，不分年龄，不限时间、地点，任何人都可以随时随地轻松地做，成为个人独享的运动。不需要特别的道具或场地。出去时可以把哑铃放在皮包里，走到哪儿都可以拿出来练习，而回家时间不定的上班族，至少也应该可以在睡前抽出短短的五分钟来做这种简易的运动吧!

以下这套哑铃美臀动作组合，通过对臀大肌的锻炼来燃烧脂肪除去赘肉，以达到收紧臀部肌肉、抬高臀部位置的效果；而对臀中肌的锻炼则能够塑造出漂亮的圆形臀部。这组动作同时还能使腹部收缩，使腰部到臀部形成一条优美的曲线。只要你有信心、有恒心，坚持不懈的进行锻炼，你绝对可以拥有挺翘、圆润、结实的美臀!

SHAPE UP HIP

# 美臀运动 BEAUTIFY THE SHAPE OF THE HIP

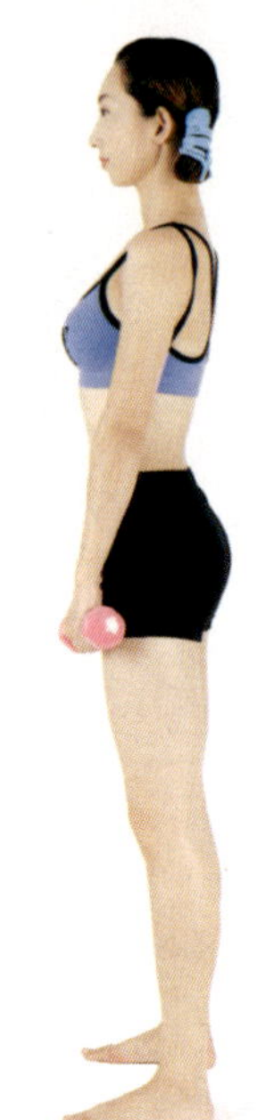

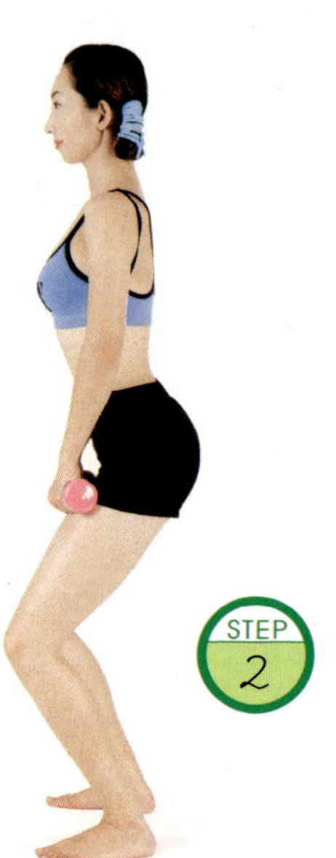


**1**

两脚张开，与肩同宽。两手一起握住一个哑铃放在身体前面，背部肌肉轻轻拉直。

**2**

腰慢慢、直直地往下沉。注意这时候背不能弯。把哑铃放在两脚之间，尽量往下推，再慢慢把腰拉上来。

## 曲影建议

1. 背不要弯，有节奏地慢慢做！
2. 最标准的下蹲动作是要垫高脚跟，一开始脚跟垫高后身体就会失去平衡，所以先用脚跟着地做，等程度加深后在垫高脚跟练习。

## 作用

1. 使臀形上翘，防止下垂，紧实大腿肌肉。
2. 下蹲除了美化臀部，它还可以训练整双脚，对经常出现脚力日衰，或因穿鞋不当而导致脚趾变形等毛病的现代人来说，是不错的运动。

# 提臀运动 LIFT THE HIP

1 身体直立，双脚并拢，双手屈肘手掌向外握住哑铃与肩平行。

2 上身保持不动，双脚打开比肩宽。脚趾向外呈八字。双手握住哑铃向外画圈，在下腹部交叉，同时双脚脚后跟提起，脚掌点地。

## 曲影建议

上身尽量保持挺直，切勿驼背！

## 作用

收紧臀形，美化臀部线条，强化腿部肌肉力量和脚踝的力量。

# 臀部防垂运动

## PREVENT DROOPING DOWN THE HIP

STEP 1

STEP 2

**1**

双脚分开与肩同宽，双臂置于身体两侧，手握哑铃。右腿向前跨一大步，脚跟踏地，重量尽力向下，直到右大腿几乎与地面平行，左膝几乎贴近地面，左膝与踝骨在一条水平线。放低，抬起身体。

**2**

双脚分开与肩同宽，双手持哑铃至腰部。挺胸，收紧腹部，左手肘部向后指，右臂向前冲刺，同时右脚向后踢。换侧重复。

**作用** 减少臀部赘肉，防止臀部下垂，活化脊椎并修长腿部线条。

# 提臀美腿运动
SHAPE LEGS

1 身体站立，弯下腰，用双掌握住哑铃贴地，两脚张开比肩稍宽，膝盖伸直。

2 踮起脚尖，膝盖伸直，臀部往上翘，双手手臂伸直，眼睛直视哑铃之间，停留8~15秒。

3 脚后跟向外旋转，脚尖朝内侧，来回做10次。

STEP
3

**作用**

提高臀位线，收紧臀部肌肉，伸展腿部韧带，预防小腿抽筋。

# 翘臀运动 HOLD UP THE HIP

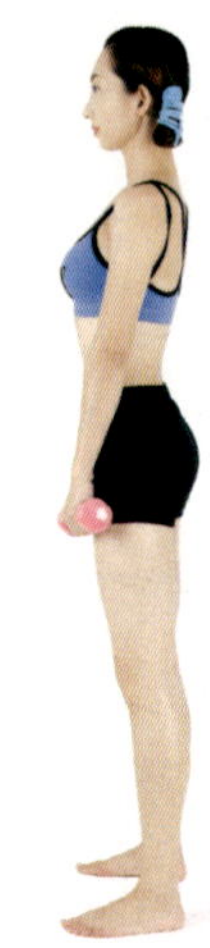

身体站直，背部挺直，双脚打开与肩同宽，双手握住哑铃放于身体两侧，意识集中于臀部、大腿。

STEP 1

**1**

手肘弯曲，把哑铃用力往上举。

2 微微屈膝，保持挺胸，手臂向后打直，哑铃往后挥动。

3 身体半蹲，将哑铃触地，背部呈一条直线。

## 曲影建议

身体半蹲时，要用力缩紧臀部和大腿。有节奏地挥动哑铃，带动全身进行屈伸运动。

## 作用

收紧臀形，加强腰力量，美化背部线条。

# THE YOGA
# 平衡调和美人瑜伽

我极力想和大家分享的“瑜伽”，它是源自印度的具有悠久历史的传统健身术，是人类宝贵的遗产。它是深邃的哲学、宁静致远的生活方式。现在一般讲的瑜伽，是指练功方法，这种里外兼施的缓和运动，能让五脏六腑得到调理，驱除疾病，自然容光焕发。神奇的瑜伽体位法，可以锻炼肌肉和骨骼，雕塑完美体形。舒缓的呼吸法与冥想，能调整身心，释放压力，让身心处于愉悦的状态。

瑜伽呼吸法减脂塑身的原理是：通过深呼吸运动增加身体内的氧气吸收量，使得氧化作用增加而燃烧更多的脂肪细胞；对大脑皮层和皮层下中枢、植物神经系统起调节作用，使控制食欲的摄食中枢功能正常化，防止过度摄食；按摩腹腔器官，加强胃肠的蠕动及增强胰脏功能，促进溶解脂肪的消化酵素分泌；增强腹肌，去除腹壁脂肪。

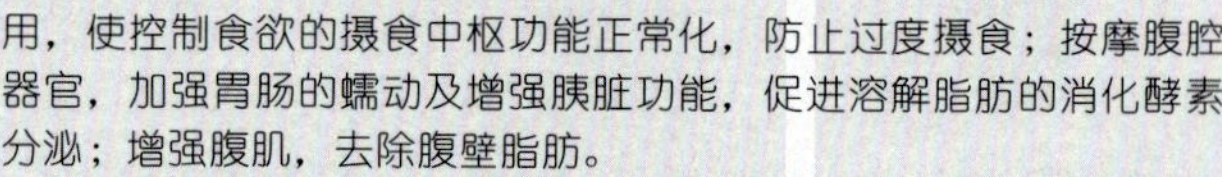

瑜伽体位法配合呼吸的律动，借由一些扭转、弯曲、伸展的静态动作及动作间的止息时间，刺激松弛的腺体，增加释放荷尔蒙。如甲状腺与身体的新陈代谢便有直接的关系，所以能影响体重。脂肪代谢也因瑜伽动作而增加，所以脂肪会转化为肌肉和能量。这意味着你在减脂的同时，也能得到较好的肌肉质地与较高的活力水平。瑜伽塑身减肥的效果明显而持久，同时能美化身体姿势，提升气质。

一个对自己体形不满意、缺乏自信的人，会产生许多负面的情绪，如紧张、焦虑、恐惧、缺乏自信等。瑜伽冥想放松法对人进行心理、生理的调节，使你树立健康的人生观，对自己生活中的一些不良行为、习惯有一定的洞察力和自制力。当一个人进行冥想时，呼吸、心跳减慢，血压降低，全身耗氧量降低，血氧饱和度达百分百，大脑及内脏进入休息状态，可见，冥想类似于“人工冬眠”，养生美容美体的原理也在其中。

以下这套瑜伽俏臀动作组合，通过强化臀部肌肉，燃烧多余脂肪，减少髋部、腰部赘肉，可使臀肌紧实，预防下垂，达到塑臀、提臀的效果。常练习还可刺激荷尔蒙分泌正常，美化皮肤，观感、质感都完美的翘臀，你轻轻松松便可以拥有哦。

# 抬臀式

1. 平躺，双手向上伸直，膝盖张开，脚底贴紧，靠近会阴部，调息预备。

2. 先吸一口气，让腹部膨胀，吐气时夹紧肛门，腰部臀部离地，臀部向上推高到极限时自然吸吐，停留做五次腹式呼吸。

3. 吸气，腰部臀部放平，反复练习10次。

## 曲影建议

1.臀部抬高时，肩膀不要滑动，膝盖尽量打开，脚跟靠近臀部，脚掌贴紧，即可让臀部再向上推高一点。

2.臀部抬高停留时，去感受臀部肌肉酸酸紧紧的感觉，意念集中在后腰臀部，心中想着“我要让臀部更紧实”。

**作用**

这个动作有紧缩臀部肌肉及提肛的作用，可美化臀部腿部线条，避免臀部下垂。强化骨盆及脊椎的力量，女性经常练习可避免骨盆下垂、松弛，并预防下围发胖。

# 侧弓式 SIDE BOW

1

侧躺于地上，左手撑住头部，双腿微弯曲，做深呼吸。

2

右手抓右脚板，吸气用力向上方推开弓高，呼气，停留数秒，做深呼吸。

3

还原，换边再做一次。

## 曲影建议

当脚用力向上方推开弓高时，手要抓紧脚板勿滑开，此外尽量用力，直到感受腿部、腰部有用力的酸痛感，功效才佳。

**作用**

这是一个强力塑臀的动作，可防止臀部下垂，美化臀形，促进内分泌平衡，并能按摩腹部。

# 后抬腿式

1

俯卧在地板或床上，手肘张开，手掌交替放在下巴处，双脚伸直调息预备。

2

吸气到腹部，吐气时将左脚伸直抬高，停留做5次腹式呼吸。

3 左脚放平，换右脚伸直抬高，停留做5次腹式呼吸。

4 身体放平，双脚弯曲，腹部稍稍悬空，调息预备。

5 右脚伸直抬高，以弯曲的左脚协助，让左脚再往上抬高，左脚掌贴紧右膝支撑，停留做五次腹式呼吸。

6 左右脚放下，调息一下，换边练习，两边反复练习3次。

STEP 3

STEP 4

STEP 5

**作用** 锻炼臀部肌肉，让臀部坚实具有弹性。

# 简易轮式

STEP 1

STEP 2

1

平躺地上，做深呼吸。

2

吸气，双膝弯曲，双手抓住双脚板，呼气。

3 吸气，臀部慢慢向上推高，推到极限，呼气，同时将肛门、臀部肌肉缩紧。停留数秒做深呼吸。

4 还原，调息。

STEP 3

## 曲影建议

当完成此式时，应尽量让腿部及臀部肌肉紧收用力，缩紧到肌肉有酸痛感，功效会更佳。因此只要体力够，一定要让自己练习久一些，直到无法持续了才缓慢还原。

**作用** 可使松弛的臀部肌肉、腿部肌肉都紧实回来，消除多余的赘肉，强化膝关节，预防腿肚抽筋。此外，因颈部的压挤可按摩颈部达强化气管、甲状腺、扁桃腺机能。

# 下蹲式

STEP 1

STEP 2

STEP 3

1

双脚打开比肩略宽，双手五指体前交叉，放松双肩，挺直后背，调整呼吸。

2

在缓缓呼气的同时，身体慢慢下蹲30厘米的距离。

3

吸气，直立还原。

4 呼气，再慢慢下蹲60厘米的距离。

5 吸气，直立还原。

6 呼气，完全蹲到自己最大限度。反复做5次。

**作用** 刺激脊椎和中枢神经，矫正背部不正及驼背现象，紧实臀部肌肉，提高身体机能。

# 舞王式

1. 双脚并拢站好，右脚弯曲，右手握住左脚踝，让脚跟尽量贴近臀部，调息预备。

2. 左手向上伸直靠近左耳，眼睛注视前方一定点，维持平衡。

3. 身体缓缓向前倾，右手顺势拉起右脚，头、脊椎到手臂呈一直线，并与地面平行。

4. 慢慢呼气，身体回正，放下左手左脚，调息一下，换右脚练习，左右反复练习3次。

**作用** 牵动到全身肌肉，让身体彻底伸展，摆出舞者的姿态，拉高单腿使臀位提高并富有弹性。

## 侧提腿式 LIFT SIDE-LEG

STEP 2

1 跪立在地面上，调整呼吸，双手打开与肩同宽，手掌放于地面上，使手脚撑稳身体重心。

2 吸气，左腿向左侧打开伸直，与地面平行，使脚与臀部同高；吐气，停留一会做深呼吸，换边练习。

**作用** 强化双腿，增加肺力，亦可美化臀部线条、防止臀部下垂。

# 半弓式

**1** 趴在地上，双手打开与肩同宽，调整呼吸。

**2** 吸气，左手朝头上方伸直；吐气，右手抓左脚板，调整呼吸；吸气，手脚离地，停留数秒，做深呼吸。

**3** 缓慢还原，调息。

**作用** 消除腿、臀部赘肉，美化臀形，有助胃肠蠕动及强化手脚。

# 蝗虫式 LOCUST

STEP 1

STEP 2

1 趴在地面上，下鄂着地，双手放于身体两侧，双脚打开与肩同宽。

2 双手握拳，放于下腹部吸气，双腿离地向上举高，额头着地，停留一会做深呼吸。

3 双腿慢慢还原，放松，调息。重复练习。

SHAPE UP HIP

**作用** 刺激大腿，臀部，紧缩大腿肌肉，美化臀部，腿部线条，并预防臀肌下垂。

# 曲影舍宾美臀

# 美食馆

THE MENU FOR SHAPING UP THE HIP

舍宾的营养处方可不是一般的营养原则哦，它是健康营养专家和运动医学专家针对每个人形体雕塑和基本健康需要而制定的科学化饮食配餐。它的作用是与运动处方配合，起到最佳的形体锻炼效果。舍宾营养处方的另一指导思想就是坚持人类的自然饮食，因为剥夺人的饮食乐趣是不可取的，也是任何人无法长期坚持的。

## CHAPTER 3

**想让臀部变得结实，避免松弛与下垂，首要饮食原则是必须减少动物性脂肪的摄取。**食用过多的红肉、奶油或乳酪，不仅易使血液倾向酸性，让人易于疲劳，也会让脂肪囤积于下半身，造成臀部下垂，所以最好以大豆之类原植物性蛋白质，或是热量低且营养丰富的海鲜为主食。

**在蔬菜方面，南瓜、甘薯与芋头这些蔬菜富含纤维素，可以促进胃肠蠕动，减少便秘机率，进而创造纤瘦且健美的下半身。**再者，营养素的选择也很重要。许多女性都有上半身纤瘦但下半身臃肿的困扰，此时就得反省自己的日常饮食，是否有含钾量不足的缺点。

医学研究表明，足量的钾可以促进细胞新陈代谢，顺利排泄毒素与废物。当钾摄取不足时，细胞代谢会产生障碍，使淋巴循环减慢，细胞排泄废物越来越困难，加上地心引力影响，囤积的水分与废物在下半身累积，自然造成臃肿的臀部与双腿。

解决这个难题有两个要点：**减少钠与增加钾的摄取。**过量的钠会妨碍钾的吸收，所以必须少吃太咸与太辣的食物，这些都是钠的来源。至于钾的补充，就以青菜、水果为主食吧!糙米饭、全麦面包、豆类与花椰菜，这些食物含有大量的钾元素，有助于排除体内多余水分，令你的下半身更窈窕。

**另外，下面这些饮食技巧请谨记在心**

尽量以玉米油、橄榄油与葵花油取代动物性脂肪，它们均含有大量不饱和脂肪酸，能让你兼顾美丽与健康。

**多吃鱼。**鱼类不仅热量比肉类低，还含有更丰富的蛋白质、矿物质、维他命与DHA，可以促进新陈代谢与体内脂肪的消耗。

**多喝水。**水可以清除代谢废物，防止肿胀。专家建议一天喝水一到两公升，而且只能喝纯水哦!所谓“水果水”会使你不知不觉中吃进不必要的添加物。

**根据体形设计的营养食谱，是美臀的重要步骤!**

## 韭黄黑鱼

### 材料

净黑鱼肉100克，韭黄50克，植物油50克，鸡蛋清8克，清汤、米酒、盐、味精及太白粉适量。

### 作法

1. 黑鱼肉先切成薄片，再切成细的鱼丝。
2. 取小碗放入清汤、米酒、盐、味精、太白粉少许，调成芡汁。放入盛器中，加蛋清、盐、味精、太白粉拌匀；韭黄洗净，切成比鱼丝稍短的段，待用。
3. 炒锅烧红，放油烧到三成熟时，投入鱼丝，用筷子轻轻划散。见鱼丝变白时倒入漏勺，沥去油。
4. 锅内留余油，投入韭黄略炒，再投入鱼丝略翻，倒入小碗内的芡汁翻匀即可。

THE MENU
FOR SHAPING UP THE HIP

## 蒜香兰豆

### 材料

荷兰豆75克，蒜头5克，盐3克，沙拉油5克，米酒、味精各适量。

### 作法

1. 荷兰豆摘去头及抽去老筋；蒜头去皮剁成泥。炒锅上火，放入油烧熟，倒入蒜泥、荷兰豆熟炒。
2. 荷兰豆将熟时，加盐、味精，烹入米酒，出锅装盘。

# 西汁鱼脯

## 材料

鳕鱼肉（青鱼、草鱼也可）125克，番茄酱8克，白醋5克，鸡蛋清（约半只）12.5克，沙拉油8克，米酒、胡椒粉、香菜、太白粉、盐各适量。

## 作法

1. 将鳕鱼肉切成片，放入盛器，加米酒、味精、胡椒粉、鸡蛋清拌匀。
2. 然后拍上太白粉，摆放在盆内，待用。
3. 将锅上火烧熟，放入油，将鱼片下锅煎至两面金黄色后取出。
4. 再起锅，放入醋、糖、米酒、盐少许烧开，加番茄酱调匀。
5. 最后，用太白粉勾芡，放入鱼片翻匀，装入盆中即可。

# 薏仁雪莲汤

## 材料

薏仁10克，红豆10克，小汤圆10克，雪莲100克，黑糖15克。

## 作法

1. 将薏仁、红豆分别泡成2小时，一起煮至熟软后，加入黑糖拌匀调味，盛入碗中。
2. 另煮一锅水将小汤圆煮熟，捞起沥除水分后，放入作法1的碗中。
3. 雪莲切丁后也放入碗中，即完成此道甜汤。

# 纸包鸡

## 材料

鸡腿肉150克，洋葱50克，红萝卜50克，竹笋50克，香菜少许，玻璃纸适量，酱油1大匙，酒1小匙，糖1小匙，蚝油1小匙，五香粉少许。

## 作法

1. 鸡腿肉切块，加入调味料淹至入味。
2. 洋葱、红萝卜、竹笋切块，备用。
3. 把鸡肉、洋葱、红萝卜、竹笋、香菜用玻璃纸包成长方形。
4. 起油锅，放入纸包鸡炸熟，用纸巾将油分吸干后盛盘，吃的时候把玻璃纸撕除即可。

# 紫米饭团

## 材料

1. 黑糯米40克，白糯米40克；
2. 红萝卜15克，豆干15克，酸菜20克；
3. 卤蛋1/4颗，小豆苗10克，苜蓿芽10克。

## 作法

1. 将材料1洗净，加水煮成糯米饭，备用。
2. 将材料2切成细丝，炒熟备用；材料3切成3等份长条状，备用。
3. 取适量糯米饭放在掌心压成圆饼状，包入适量的材料，再包起成饭团，依序完成3个即可。

## 萝卜糕汤

### 材料

1．萝卜糕200克、红萝卜15克；
2．红葱头适量、干香菇1朵、干鱿鱼15克；
3．蒜苗15克
调味料：沙拉油1小匙；盐、味精、胡椒粉各少许

### 作法

1. 将红萝卜洗净切丝，干香菇、干鱿鱼泡软切丝，蒜苗切斜片，萝卜糕切小块备用。
2. 烧热锅子，加入沙拉油，放入材料2爆香，加入适量的水煮滚，再放入萝卜糕、红萝卜丝，再次煮滚后加入盐、味精、胡椒粉调味。
3. 盛入汤碗中，再撒上蒜苗即可。

## 韩式泡菜锅

### 材料

韩国泡菜150克，梅花肉75克，豆腐1/2块，冬粉20克，金针菇20克，茼蒿30克，酱油1小匙。

### 作法

1. 将金针菇、茼蒿洗净，备用。
2. 炒锅内加入2碗水，放入泡菜、豆腐一起煮滚。
3. 再依序放入冬粉、梅花肉、金针菇、茼蒿，煮滚后加入酱油调味即可。

# 舍宾气质美人

从舍宾系统的角度看，一个人仅有静态的外形美还是不够的。与静态的美相比，动态的美，比如你的步态、姿势、表情，它们的优美协调更能显现出你独特的气质和魅力。没有优美的动态是不可思议的。因而动态的训练在舍宾系统中占有十分重要的地位。

THE MEANS FOR FLATTERING YOUR FIGURE

CHAPTER 4

# 一 舍宾的美臀形体语言

THE BODY LANGUAGE

罗马不是一天造成的，你的臀不美也不是多吃一块肉造成的。告诉你，生活中有许多可怕的小姿势、小动作会让你的臀部日渐变形，可能你自己都还没发现呢！为什么窈窕如我，臀部看起来就是松垮垮的？为什么减肥了半天，臀部就是多那一块肉？让我们为你指出生活中的美臀小危机，你的所有疑问就会迎刃而解了。

## 1 可能没注意到的生活小危机

### 斜坐的软骨头

坐，可是一门大学问。坐不好，不仅背脊体型受影响，臀部也会随时间增长变形。看看你有没有下列坐的不良习惯哟！像软骨头似的斜坐在椅子上，错！斜坐时压力集中在脊椎尾端，血液循环不良，氧气供给不足。只坐椅子前端1/3座，错！重量全放在臀部这一小方块处，长时闲下来不疲惫变形才不正常。

### 长时间久站

可别以为坐太久压迫臀部不好，站可就没问题了吧。错！站太久，血液不易自远程处回流，造成臀部供氧量不足，新陈代谢不好，还可能会有静脉曲张的恐怖现象呢！

### 抽烟、喝酒、熬夜

抽烟、喝酒、熬夜压力太大又用不着臀部出马，跟臀形不美可没关系了吧。错！错！错！不良生活习惯与臀形绝对有关系，血循不好、代谢不良、结缔组织松弛，你怎么还能要求有丰盈圆润的臀部?

### 口味重的饮食

高热量、高甜度、口味重的现代人饮食形式，是造成你肥胖的主要原因。如果又不爱动手动脚，肥肉日渐累积是理所当然的。

### 运动时穿三角内裤

运动时穿着薄薄没有支撑力的三角款式内裤，年轻时不觉有何不妥，用不着等到珠黄时期，你的臀部就会因为弹性纤维组织松弛，支撑力不够而向地心看齐。

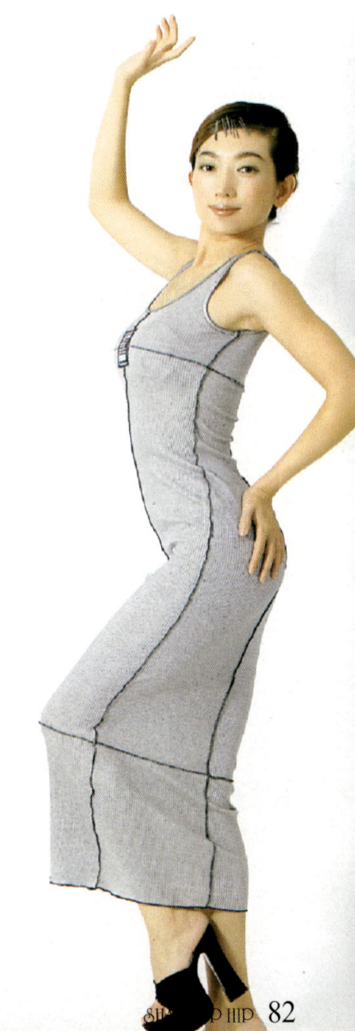

# 2 你可以努力的生活好习惯

## 坐姿

只坐椅子2/3处良好的坐姿，背脊挺直，坐满椅子2/3处，将力量分摊右臀部及大腿处。累得很，想靠背一下，请选择能完全支撑背部力量的椅背。此外，坐时有一些小秘诀可以让臀部更美哟！尽量合并双腿，不让帅气的开腿姿势长久下来影响骨盆形状，坐时踮起你的脚尖来，对臀部线条紧实不无小补。可以但尽量不要长时间双腿交叉坐，否则血循不好，危机会浮出表面的。

## 站姿

挺背提肛举举腿良好的站姿，背脊挺直，缩腹提气，此时感觉一下肛门收缩的动作，偷偷做可收缩臀部。需要长时间站立的美女，请务必不定时动一下，做做抬腿后举的动作，1小时内至少要偷个闲做个五分钟哟！

## 良好的生活习惯

早睡早起身体好：拒烟、少酒、早睡早起、保持运动的好习惯，不时找人找地点发泄一下心中苦闷，美好体形就离你不远了。

## 良好的饮食习惯

低盐高纤好消化：少盐份的食物可以防止脚浮肿的可能，高纤维的食物可以维持良好肠胃消化，蜂蜜有排毒功效、糖份、热量、油腻程度少，可以减肥。

## 适当穿着

选择美臀看得见：不同场合穿不同味儿的服饰是理所当然，宝贝臀部的小裤裤也是一样。有什么贴身穿着可以变化臀形呢？

# 二 性感美臀来自巧衣饰

THE DRESSING

舍宾美学专家教你穿衣技巧！不但要你穿出性感美臀，还要穿出你的独特个性和时尚品位！

臀部是突出女性曲线美的焦点之一，如何显示健美的臀部和如何隐藏有缺陷的臀部，是女性着装时不得不考虑的问题。

## 瘦长型

通常臀围在80厘米以下，这种臀形缺少丰满的肌肉，对合体的流行款式较适合。但这种臀形缺乏丰满感，适宜选用臀部感觉分量颇重的百褶裙等臀部较膨起的款式，以扩张臀形。同时强调肩部，使之与细腰对照，产生苗条而不失丰满的衣着效果。

## 肥胖型

臀围90厘米以上，腰围在73厘米以上，腰臀间的差数不大。这类臀形的人适合穿宽松些的连衣裙，而且不要系腰带，少配戴饰物。

## 下垂型

臀部肌肉下垂，此臀形者适合以宽腰带来强调裙子的腰部，以掩饰下垂臀部的形状。

## 特大型

臀围超过胸围12厘米以上属特大型。可选用大披肩与下半身保持平衡。系条细小的腰带也能使背部显得宽点。这样上半身就能显出重量感，起到掩饰臀围的作用。

## 弓箭型

即所谓翘臀，形状美好，有重量感，腿部浑圆修长，是最佳身材。这种臀形的人可选择任何一类服装，如想突出健美身材，更可选穿紧身裤。

## 选择适合的小裤裤也能改善臀部形状

### 轻度机能修饰裤

如果你从未尝试过塑身用的产品，不妨先从轻机能的修饰束裤着手，一般而言，未生过小孩、18-30岁的女性，较适合此类产品，穿着起来更舒适。

### 中度机能束裤

习惯了穿修饰裤的感觉，不妨进阶到中度机能的产品，不过，别太虐待自己，24小时都穿着紧绷的裤裤，建议你在家穿一般内裤，外出时再多套上一件束裤来修饰臀形，才不会过度压迫组织，反而造成反效果哦！

### 重度机能束裤

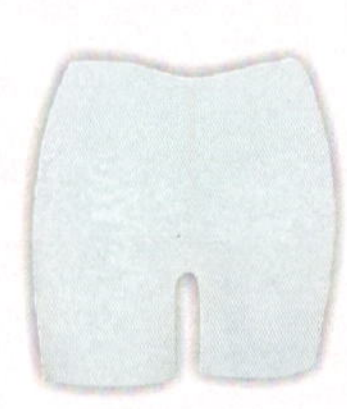

当你觉得自己可以向重度机能产品挑战时，不妨仔细选择，接缝愈多的产品代表塑身效果愈强。此类型产品最适合产后妇人，等做完月子，体力恢复后开始使用。穿着时记得提臀上拔，把下垂的赘肉放在正确的位置，一定要选择恰当的尺寸，等到瘦下来后再买小一号的产品，否则过度紧绷又不舒服，只会让你提早放弃。

# 三 亲密爱人 —— 束裤Q&A问

THE TIGHTEN-BODY PANTS

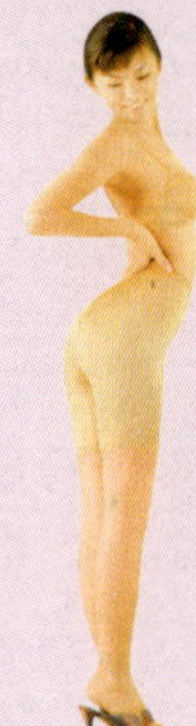

Q：高压是丑臀救星？

A：高压虽然对又大又凸的臀有救亡效果，但对于其他臀部问题收效不大。因束裤本身束力好，如果你的臀只属于下垂松弛，很容易将你的臀部线条压成一直线！

Q：束裤有助收细臀部？

A：束裤作用在于美化线条而非燃烧脂肪，如果想用束裤减肥就妙想天开，还是做运动和少食肉类最实际。

Q：穿浅色薄质裤可以走光？

A：基本上臀部生得型好就穿裙好过穿裤，但如果你迫不得已，譬如制服是白色长裤，还是薄质贴身，穿束裤可能会现形，不妨选一些内有棉垫的修身丝袜，一方面可修臀修腿，一方面又可当底裤穿，一举两得！

## 1 穿束裤有技巧

穿束裤不同普通裤，想发挥它的功能，穿时要有技巧。等我教你啦！

1. 将束裤由内向外翻卷至最宽部分，从下向上套到腰部。（注意：指甲长或过分用力拉容易刺穿及损害内裤的质料）
2. 确定腰部位置是否适合及贴服。
3. 将前幅下缘向上轻拉，后幅下缘向下拉贴至臀部下端之位置，赘肉包藏于束裤内，确定大腿部分活动自如。

试穿时需检查之要点

1. 腰部是否束得太紧。
2. 腹部收压是否适合。是否太松或太紧。
3. 裤裆部分是否过分紧迫。
4. 臀部是否贴服。
5. 裤管与大腿部分是否活动自如。

## 2 束裤保养法

尽量用手洗，水温以30℃为最适当。用洗衣机洗的话，先用洗衣网网住再洗。

# 四 女人美臀法宝——爬楼梯、推墙、指压……

THE EFFECTIVE MEANS FOR SHAPING UP THE HIP

拥有一个浑圆微翘的臀部，是许多爱美女性的梦想，不过，随着身材发胖或是久坐办公桌，应该迷人的臀部却一直扩张或是下垂，连自己都不满意，又要如何吸引异性的注意呢？别担心，现在介绍您几招塑臀法宝，每天动一动，可让您的臀部更加挺立紧实！

1 爬楼梯

爬楼梯，简单又省钱，但是，因为每栋办公大楼几乎都有电梯，大家搭电梯习惯了，怎么可能还想爬楼梯呢！其实，爬楼梯有很多好处，可以消耗卡路里，另外，如果你在走楼梯时，每次踏两个阶梯，可带动您的大腿及臀部肌肉群，紧实您的臀部。

2 推墙

双腿并拢，双手撑在墙上，腿打直，臀部先向外伸展10秒，接着再朝墙靠近10秒，重复做，不仅可雕塑臀部曲线，也有收腹的效果，小腹会慢慢变平。

最好能有弹力绳或是跳绳辅助，如果没有，也可以空手做。首先，双脚张开与肩同宽踩住弹力绳，双手再握住绳子放在肩上，臀部往下蹲，使大腿与小腿间约成90度，静止动作维持8秒后，再站直。至于该做多少次，就请依照您的个人情况调整。

同样可使用弹力绳或是跳绳辅助。脚踩着绳子后，两脚成前后步，接着下蹲，使前后脚的大腿及小腿都成90度。

要挽回臀部肌肉的弹性，重点在于指压坐骨的周围与臀部。

1 以拇指左右同时指压后骨盘上的3点。

2 以拇指左右同时指压左右的臀部4点。朝仙骨横向往外45度斜后方指压。

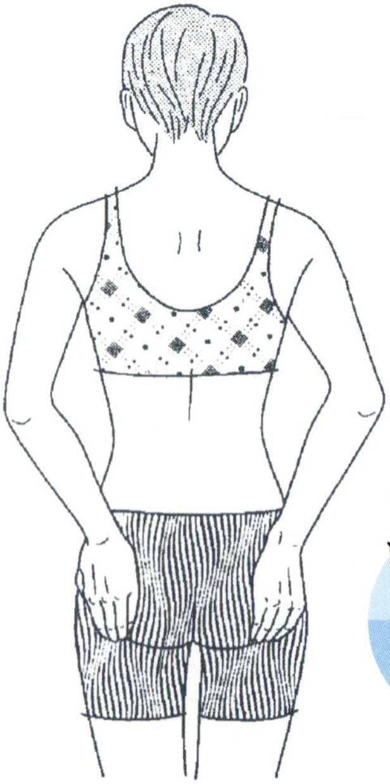

3 以4指压在两肋的坐骨上用力往上推压。

罗马不是一天造成的
你的臀不美也不是多吃
一块肉造成的
告诉你
生活中有许多可怕的
小姿势、小动作会让你的臀部日渐变形
可能你自己都还没发现呢
为什么窈窕如我
臀部看起来就是松垮垮的
为什么减肥了半天
臀部就是多那一块肉
让我们为你指出生活中的美臀小危机
你的所有疑问就会迎刃而解了。

# 五 美臀手术知多少

SOMETHING ABOUT THE OPERATION OF HIP

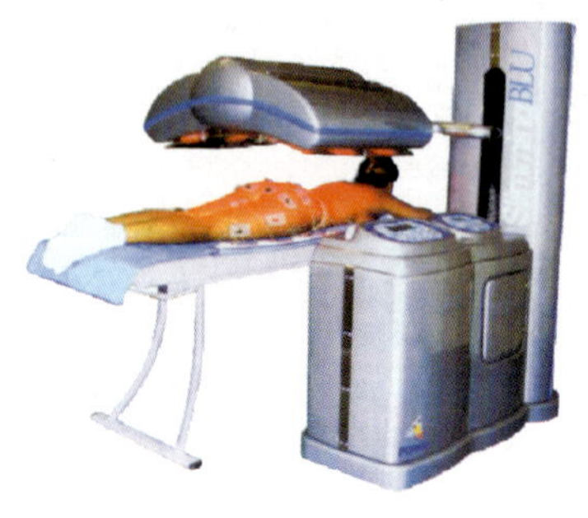

## 1 什么是隆臀术?

隆臀术是通过吸脂和手术切除，将臀下缘多余脂肪和松垂皮肤去除，使臀部上提。这个手术类似于隆乳术。将医用材料充填在臀部，使之丰满、变宽、上翘。目前我们认为较可行的材料最好是自身脂肪。比如将腹部抽出的多余脂肪充填在臀部，可以一举两得。如果是由于单纯的局部脂肪堆积引起臀部形态不美，采用吸脂术即可达到提臀效果；若臀部伴有皮肤松垂，选择手术切除效果更佳。多数亚洲妇女的臀部不翘，如果将其下垂的部分去除，并使上部上提而达到整个臀部上翘，那就可以打造你迷人的翘臀风情。单纯吸脂的费用是3000～5000元，手术切除6000～8000元。

## 2 目前流行的臀部美容手术有哪些?

### 1 臀部提升术

常见于年龄40岁以上，或多次分娩，脂肪堆积，皮肤松弛下垂者。在肿胀法吸除多余脂肪基础上，根据脂肪堆积及皮肤松弛部位分别选择臀部上外侧，近靠大腿内侧根部或臀部下段(臀沟)切口，在去除多余脂肪同时，让臀肌肉等下坠组织的悬吊，去除多余皮肤。此种手术完成后，获得有魅力的臀形，但必须说明，在臀部会有一条切口印，当然整形医师将切口尽可能留在臀沟，腰下段，大腿根部内侧，这些部位本身就是隐蔽部位，即使穿泳装，也不显露。且由于整形医师缝合精细，时间长(6个月以后)往往更不显露。

### 2 臀部丰满术(丰臀术)

针对那些由于全身消瘦，臀部肌肉及脂肪发育不良，而形成臀部瘪陷，或整个臀部大小尚可，但丰满度不够，或缺乏臀峰者。对于严重瘪陷者，国外使用如同硅凝胶假体一样的比乳房假体底盘大、高度低的扁平假体，通过臀沟切口，在局部麻醉下，剥离臀部皮肤及皮下脂肪，将假体放置在皮下层，臀部肌肉的表面，假体四周有专门固定装置固定于臀部肌肉表面，国内尚未开展此项目。而国内采用自体脂肪注射移植，多次手术也能达到理想的效果，且手术后无明显痕迹，因此更加适合东方人。

### 3 臀部吸脂术

适合于年轻人，臀部脂肪均匀性分布的肥大患者，而其皮肤弹性良好，通过肿胀法吸脂术，将臀部多余的脂肪吸除，抽吸过程中要均匀一致，注意臀部的弧度及过度，臀沟要清晰，其过度要圆滑自然。通过皮肤收缩，及采用弹力绷带等手段，再塑一个丰满，赋予曲线的臀形。

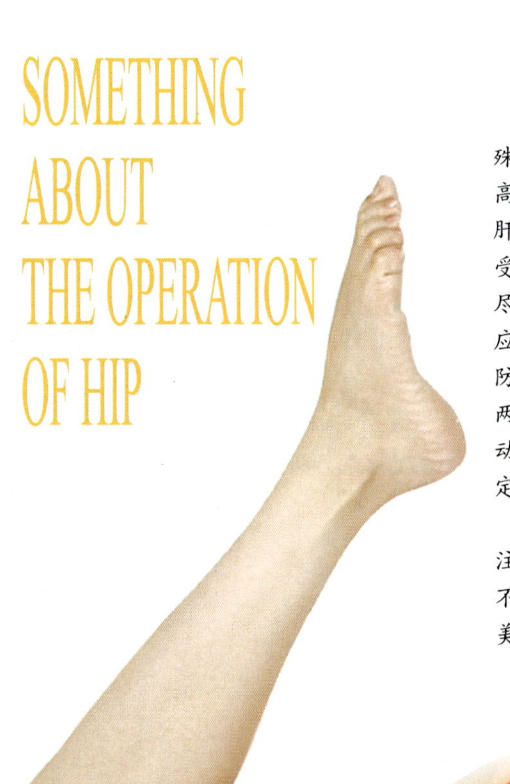


## 3 术前准备及术后护理

臀部吸脂术及注射丰满术无特殊护理，主要是臀部提升术相对要高，术前如一般身体检查，观察心肝肺肾等内脏有无疾病，以便能承受麻醉和手术，术前3天进行洗浴，尽量少吃含渣的食物。提臀术者，应卧床5天，手术后两周多吃蔬菜，防止便秘，使用足够抗菌素，一般两周拆线，术后一个月禁止激烈运动，术后3个月使用弹力绷带压迫固定。

总之随着人们对自身身体的关注越来越多，而整形美容医师也在不断发明新技术，新方法来满足爱美人士不断增加的美容需求。

■ 策　　划：東映文化

■ 设计制作：

■ 中英文编辑：卓文工作室

■ 垂询电话：0755-26740758

■ 网　　址：WWW.EASTDCD.COM(东映文化)

■ 电子邮箱：SZdongying@21cn.net

■ 服装提供：（恩迪）健身服饰有限公司

电话：0755-81836593

■ 人民币定价：￥25

■ 港幣定價：HK$68